24 Auszeiten im Advent

24 Auszeiten im Advent

Impulse für eine stille Zeit

benno

Bibliografische Information der Deutschen Nationalbibliothek
Die Deutsche Nationalbibliothek verzeichnet diese Publikation in der Deutschen Nationalbibliografie; detaillierte bibliografische Daten sind im Internet über http://dnb.d-nb.de abrufbar.

Besuchen Sie uns im Internet:
www.st-benno.de

Gern informieren wir Sie unverbindlich und aktuell auch in unserem Newsletter zum Verlagsprogramm, zu Neuerscheinungen und Aktionen.
Einfach anmelden unter www.st-benno.de.

ISBN 978-3-7462-5760-0

Zusammenstellung: Stefanie Heckl und Dominique Kreichgauer, Leipzig
Umschlaggestaltung: Ulrike Vetter, Leipzig
Umschlagabbildung: © mauritius images/TPP
Gesamtherstellung: Kontext, Dresden (A)

Gönne dich dir selbst.
Sei wie für alle anderen
auch für dich selbst da.

1

Bernhard von Clairvaux

„Egoismus wagen“

Mit dem Advent beginnt eine schöne Zeit. Sie ist geprägt von Düften und Lichtern, Glühwein und Kerzen, Musik und Traditionen. Es beginnt aber auch die Zeit der vielen Angebote und Anforderungen. Weihnachten will vorbereitet werden. Geschenke werden gekauft, Wünsche erraten, Erwartungshaltungen abgecheckt. Adventsfeiern stehen an, Karten wollen geschrieben werden. Wir ahnen, dass es auch dieses Jahr wohl nichts werden wird mit der Besinnung im Advent.

Wir laden Sie ein, in diesem Advent auch an sich zu denken. Seien Sie „egoistisch“! Das soll nicht heißen, sich nicht um andere Menschen zu kümmern. Gesunder Egoismus im Advent heißt: auch (Ausrufezeichen!) an sich denken. Was man anderen Menschen Gutes tun will, das sollte man auch sich gönnen. Und dazu gehören wenigstens einige Minuten „Auszeit“ am Tag. Etwas tun, was einem gut tut. Etwas, was Sie ganz persönlich mit „Advent“ verbinden.

Nur wer sich im Advent nicht aus dem Auge verliert, hat auch den Blick für andere frei.

Kerstin und Marcus Leitschuh

Tipp

Gönnen Sie sich schon heute eine „Auszeit“ und überlegen Sie, was Ihnen dieses Jahr im Advent guttun würde.

Tradition ist nicht die Anbetung der Asche, sondern die Weitergabe des Feuers.

Jean Jaurès

2

Weihnachten be-greifen

Ich hänge an den Advents- und Weihnachtstraditionen meiner Familie. Sie versetzen mich zurück in meine Kindheit und geben mir ein heimeliges Gefühl – das Öffnen der Türchen am Adventskalender, das Entzünden der Kerzen am Adventskranz, das Verfassen des Wunschzettels (der nachts vom Christkind abgeholt wird), das Backen von Plätzchen und Christstollen ... Bräuche machen sichtbar, spürbar und mit allen Sinnen erfahrbar, auf was wir uns in im Advent vorbereiten. Der Adventskranz zeigt nicht nur die voranschreitende Zeit an, sondern symbolisiert auch, dass mit Jesus das Licht der Welt kommt. Die gleiche Symbolik verwenden auch der Brauch der hl. Lucia in Skandinavien und Italien und die Rorate-Messen. In einigen Gemeinden wird eine Marien- oder Josefstatue von einem Haus in das andere getragen – dieser Brauch des „Frautragens“ erinnert an die Herbergssuche. Dann wieder „wandern“ in manchen Familien die Figuren zur Krippe –Tag für Tag ein Stück näher.

Jede Woche, sogar jeder Tag im Advent birgt Besonderheiten und Möglichkeiten, die Zeit zu etwas Besonderem werden zu lassen.

Tipp

Tauschen Sie sich mit Freunden und Verwandten über ihre Advents- und Weihnachtstraditionen aus. Was lösen sie in Ihnen aus? Informieren Sie sich über die Traditionen in anderen Ländern – vielleicht ist etwas dabei, dass Sie in Ihre Adventszeit integrieren können.

Die Ruhe der Seele
ist ein herrliches Ding.

Johann Wolfgang von Goethe

3

Ruhe finden

Stille.
Für einen Moment die Augen schließen.

Auszeit aus dem lauten Alltag:
Radio, Tellergeklapper, Wasserrauschen,
Absätze auf dem Steinboden,
Stimmengewirr, Telefon, E-Mail.

In der Stille nach innen wachsen.
Das Blut durch die Adern rauschen hören.
Das Herz pocht und arbeitet um sein Leben.

Nichts mehr darstellen müssen.
Nicht zuhören.
Einfach sein.
Wie Jesus und Mose und all die anderen.
Immer wieder sind sie geflohen.
Den Erwartungen der Menschen entflohen.
In Wüsten und auf Berge.
Allein sein, um die eigenen Quellen
wieder freizulegen.

Wieso das Einfache so schwer ist.
Selten sind diese Momente.
Zu selten.
Dabei gibt es sie frei Haus und umsonst.

Gott spricht in der Stille zu uns.
Dann, wenn wir aufgehört haben,
selbst etwas aus uns zu machen.

Nora Steen

Tipp

Ziehen Sie sich einfach mal zurück
und sagen Sie auch anderen:
„Ich brauche mal kurz Ruhe."
Dann Tür zu, Stille und nach innen
lauschen!

Winter ist –
aber die Knospen wissen es besser.

Unbekannt

4

Advent – das ist der kahle Zweig

Es kommt wohl nicht von ungefähr, dass man am 4. Dezember, am Gedenktag der heiligen Barbara, Zweige von früh blühenden Bäumen schneidet und sie ins warme Wasser stellt, damit sie an Weihnachten blühen.
Das ist Advent.
Das ist die Hoffnung wider alle Hoffnungslosigkeit, das Vertrauen in die Kraft des Lebens. Selten sieht ein Baum „toter" aus als gerade in diesen Tagen, zumal wenn er vielleicht noch unter Schneebergen begraben, mit Eiszapfen verziert ist.
Und doch lebt in ihm das Leben, ist in ihm der Frühling und der Sommer verborgen. Da, wo wir Tod sehen, lebt das Leben. Da, wo wir nichts mehr erwarten, wartet eine Knospe darauf zu erblühen. Da, wo wir keinen Pfifferling mehr geben würden für das Leben, sammeln sich die Kräfte – um dann explosionsartig die Welt zu verzaubern und bunt anzumalen.

Das ist Advent.
In den Wurzeln die Kraft sammeln, um neu blühen zu können.
Advent heißt: sich auf die Wurzeln zurückbesinnen, um neu leben zu können.
Advent heißt: mich vom Außen ins Innen zurückziehen – damit neue Blüten blühen können, wenn es an der Zeit ist.
Das ist Advent.

Andrea Schwarz

Tipp

Holen Sie sich Barbarazweige in die Wohnung. Einfach einen Kirschzweig ins Wasser an einen warmen Ort stellen: Bis Weihnachten blüht er auf.

Die wichtigste Stunde ist immer
die gegenwärtige,
der wichtigste Mensch ist der,
dem du gerade gegenüberstehst,
die wichtigste Tat ist die Liebe.

5

Meister Eckhart

Ich schenk dir Zeit

Einen richtigen echten Brief bekommen – was für ein Glück! Tinte auf Papier, eine Handschrift, das ist fast so, als wäre der Schreibende selbst zu Besuch gekommen. Einen solchen Brief zu öffnen und zu lesen, ist etwas Besonderes. Warum ist das so? Natürlich, Briefe sind selten geworden. Um einen Brief zu schreiben, muss man sich Zeit nehmen, und mich berührt der Gedanke, dass sich ein Mensch diese Zeit für mich genommen hat. Da ist jemand, der selber den Adventsstress mit Terminen hat, Plätzchen zu backen und Geschenke zu besorgen hat, und der sich dennoch Zeit nimmt, die er in diesen Brief steckt. Ich sitze im Sessel, ein oder zwei Blätter voll Glück in der Hand und entziffere die Schrift. Meine Freundinnen schreiben oft von ähnlichen Erfahrungen im Advent: Was sie alles geplant haben, wie es ihnen im „Ausnahmezustand" Advent geht, was sie bedrückt und erfreut. Sie schreiben diesen Brief nicht, weil sie gerade Zeit haben. Es ist, als würden wir beisammen sitzen und sagen: „Ist das nicht verrückt, wie leicht wir uns im Advent aufs Glatteis führen lassen? Wie schnell wir glauben, wir müssten in Hektik und Stress verfallen, um irgendein Ideal von Advent und Weihnachten zu erschaffen?“ Und dann lachen wir gemeinsam darüber und beschließen: Es ist egal, dass die Wohnung nicht ordentlich geschmückt ist. Viel wichtiger ist, dass wir diese gemeinsame Zeit miteinander verbracht haben.

Tipp

Nehmen Sie sich Zeit, einen richtigen Brief zu schreiben. So kommen Sie nicht nur selbst in adventliche Stimmung, sondern geben sie auch weiter.

Hände, die teilen,
erzählen von Gott.

Unbekannt

6

St. Nikolaustag

Wir selbst und unsere Kinder können lernen: Im Teilen zeigt sich jenes Licht, das immer wieder neu in uns, um uns scheinen möchte. Adventliche Menschen sind teilende Mitmenschen: Menschen, die ihre Wünsche und Ängste teilen. Menschen, die ihre Macht teilen und andere ermächtigen, sich einzubringen. Menschen, die einen Teil ihres Einkommens teilen mit Menschen in Not.

Der St. Nikolaustag eignet sich gut, um als Alleinstehende oder als Familie die Kraft des Teilens zu erfahren, indem wir eine Patenschaft übernehmen für ein Kind. Mit 30 bis 50 Euro pro Monat können wir einem hungernden Kind Essen schenken, einem Jugendlichen eine Ausbildung ermöglichen oder einem kranken Kind einen Spitalaufenthalt. So wird der St. Nikolaustag nebst der Freude über die Erdnüsse, Mandarinen, Lebkuchen auch zur tiefen Erfahrung, dass unsere Sehnsucht Herz, Hände und Füße erhält.

Pierre Stutz

Tipp

Verschenken Sie dieses Jahr nicht nur Schokonikoläuse, sondern tun Sie außerdem etwas Gutes, indem Sie z. B. eine Patenschaft übernehmen oder an eine Hilfsorganisation spenden.

Ist der Plan auch gut gelungen,
verträgt er doch Veränderungen.

Volksmund

7

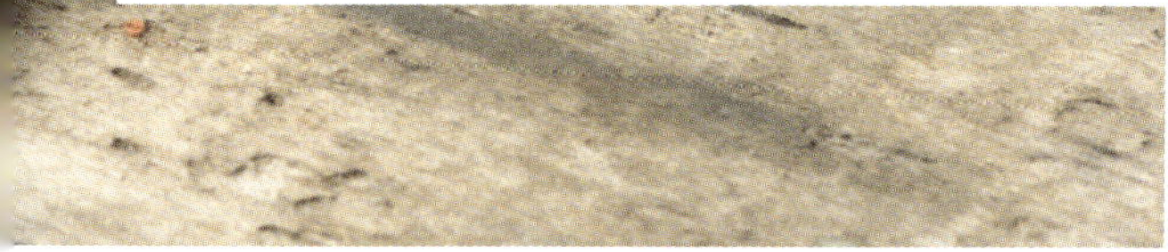

Zeit ohne Plan

Ich plane viel
und zugegeben auch ganz gerne.
Ein Plan, besonders ein Zeitplan
gibt Sicherheit und Verlässlichkeit,
nichts zu vergessen.

Ab und zu merke ich dann:
Da hab ich mich wohl verplant.
Etwas Unvorhergesehenes oder Überraschendes
bringt meine ganzen Planungen durcheinander.

Wie damit umgehen?
Ärgern und frustriert sein,
weil es nicht geklappt hat?

Oder doch den Zeitplan mal
zugunsten des Lebens
über Bord werfen
und einfach leben!

Der Advent, und der heutige Tag, darf auch mal eine Zeit ohne Plan sein, also plan-los und doch mit einem Ziel:
Weihnachten!

Alois Emslander

Tipp

Gönnen Sie sich in dieser Woche einen Tag ganz ohne To-do-Liste und ohne Pläne. Überlegen Sie vorher nicht, was Sie mit dieser freien Zeit anfangen wollen. Und ganz wichtig: Ärgern Sie sich hinterher nicht, wenn Sie dadurch in dieser Woche nicht alles schaffen, was Sie wollten!

„Himmel“ leitet die deutsche Sprache von dem alten Wort „Heime“, „Heimat“ ab.

Wilhelm Raabe

8

GeHEIMnis

Die Adventszeit verheißt uns, dass Gott in unsere Welt kommt. Und wenn Gott in unsere Welt kommt, dann wird die Welt für uns zur Heimat. Denn daheim sein kann man nur, wo das Geheimnis wohnt. Durch Gottes Kommen in unsere Welt wird diese Welt für uns zur Wohnung.

Das deutsche Wort „wohnen“ heißt von der indogermanischen Wurzel her: „Behagen empfinden, Gefallen finden, bleiben“. Ich kann nur dort wohnen, wo ich mich wohlfühle. Und offensichtlich haben die Menschen seit jeher gespürt, dass sie es bei sich nicht aushalten können, wenn nicht Gott bei ihnen wohnt. Und deshalb schmücken wir unsere Häuser in der Adventszeit, damit sie „wohnlich“ werden, damit im Tannengrün Leben kommt in unsere Starre, im Licht der Kerze Helligkeit in unsere Finsternis und Wärme in unsere Kälte. Und wir hängen Sterne an unsere Fenster, um unsere Sehnsucht nach Heimat und Geborgenheit auszudrücken, die Gott uns jetzt schon schenkt, indem er zu uns kommt.

Anselm Grün

Tipp

Dekorieren Sie Ihre Wohnung adventlich. Manche Deko-Artikel haben schon lange ihren Platz und erzählen eine Geschichte. Oder basteln Sie mit Ihren Kindern neue Weihnachtsdekoration, die Geborgenheit schenkt.

Oh Herr,
mach mich zum Werkzeug
deines Friedens!

Franz von Assisi

9

Advent – Erfüllt von der Erkenntnis des Herrn

Im Alltag teilweise verfeindete Gruppierungen teilten sich Adventsgebäck. Was für ein unerwartet stimmungsvoller Einstieg in den Advent! Offen gestanden fliehe ich vor Adventsfeiern, doch hier dankte ich Gott innerlich für die Erfahrung, Teil einer Feier zu sein, in der Vorurteile abgebaut und Vertrauen aufgebaut werden können.

Vielleicht liegt darin die schöne Herausforderung des Advents, sich Zeit zu gönnen in der freudigen Erwartung, etwas neu mit Gott zu erleben. Vielleicht ist es dabei eine Hilfe, den Blick bewusst in Richtungen zu setzen, in denen man gerade nicht meint, Gottes Gegenwart aufzuspüren.

„Dein Reich komme!“, so eine zentrale Bitte des Advents. Der scheinbare Umweg mit dem Blick über den eigenen Tellerrand kann neue Impulse nach innen setzen. Wie sieht denn Reich Gottes und seine Gerechtigkeit konkret aus für meine Nachbarn, am Arbeitsplatz, in den Straßen, in der Freizeit, für die Familie …?! Im Grunde werden wir erwartet. Gott ist ganz unaufdringlich immer schon da, mitten unter uns.

Lissy Eichert

Tipp

Nutzen Sie eine Adventsfeier, um mit jemandem ins Gespräch zu kommen, um den Sie sonst einen Bogen machen.

Gott hat dem Menschen
die Zeit gegeben,
aber von Eile hat er nichts gesagt.

10

Unbekannt

Langsamkeit

Wir heute Lebenden sollten uns um die Entdeckung der Langsamkeit bemühen, da wir unser Leben so beschleunigt haben, als ginge es darum, es möglichst schnell hinter uns zu bringen. Alles um uns herum bewegt sich hektisch. Schnelligkeit hat einen Nachteil: Sie behindert das Erkennen. Bei Tempo hundert ist die Betrachtung einer Landschaft ausgeschlossen, weil man alle Aufmerksamkeit auf das Lenkrad richten muss. Es macht nur derjenige Entdeckungen, der die Geschwindigkeit drosselt, ja sich zuweilen zwingt, auch länger anzuhalten. Das gilt gleicherweise für die Wissenschaft, die Kunst, die Religion. Entdeckungen drängen sich nicht auf, ihnen gehen jahrelange Forschungen voraus. Literarische Werke entstehen nicht über Nacht, da muss ein Künstler oft Jahre mit Ideen schwanger gehen. Und der Weg zum Glauben war schon bei den Jüngern Jesu ein mühsamer Prozess. So paradox es klingt: Voran kommt nur, wer entschleunigt.

Walter Rupp SJ

Tipp

Nehmen Sie heute ganz bewusst das Tempo raus. Nehmen Sie sich Zeit für sich – mit einem guten Buch, einer Tasse Tee, einem Bad …
Machen Sie sich bewusst, dass nicht alles unbedingt noch vor Weihnachten erledigt werden muss.

Viele gehen durch die Gassen,
und nur wenige schauen
zu den Sternen auf.

11

Oscar Wilde

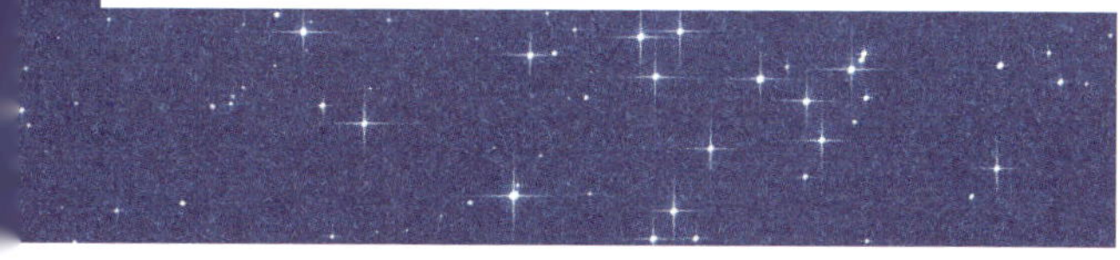

Blick gen Himmel

Einst als am Saum der Wüsten sich
auftat die Hand des Herrn
wie eine Frucht, die sommerlich
verkündet ihren Kern,
da war ein Wunder: Fern
erkannten und begrüßten sich
drei Könige und ein Stern.

So beginnt das Gedicht „Die heiligen drei Könige“ von Rainer Maria Rilke. Dieser Gedanke ist wunderbar: Die Weisen und der Stern erkennen und begrüßen einander. In mir wächst die Sehnsucht, auch einen Stern zu „kennen“. Die Weisen aus dem Morgenland müssen gute drei Monate unterwegs gewesen sein; so legt es eine Rekonstruktion der Reiseroute von Christoph Wrembek SJ nahe (in „Der Stern – die Weisen – und wir“). Von Babylon folgten sie vermutlich einer uralten Karawanenstraße entlang des Euphrat über Baalbek und Damaskus bis nach Jerusalem und Bethlehem. Wenn wir uns heute so viel Zeit nehmen würden, uns auf Weihnachten vorzubereiten, dann würde der Advent Mitte September beginnen.

Tipp

Nehmen Sie sich heute ein paar Minuten Zeit, den Sternenhimmel zu bestaunen.

Eine Stunde
ist nicht nur eine Stunde;
sie ist ein mit Düften
angefülltes Gefäß.

Marcel Proust

12

Weihnachtliche Düfte

Ich habe gelesen, dass der deutsche Astronaut Alexander Gerst kurz nach der Landung von seinem Weltraumaufenthalt gesagt haben soll: „Die Erde riecht gut." Ein bemerkenswerter Satz. Einmal ehrlich, wann freuen wir uns überhaupt über das Geschenk unseres Geruchssinnes? Vielleicht rümpfen wir viel öfter die Nase und stellen dann fest, dass uns etwas stinkt. Aber mir fallen gerade jetzt um die Weihnachtszeit viele Sinneseindrücke ein, die ich über die Nase aufgenommen habe und die mir genauso in Erinnerung geblieben sind wie manches, das ich über Auge und Ohr empfangen habe. Da ist natürlich der Duft frisch gebackener Plätzchen und von Bratäpfeln, aber auch der Tannennadeln des Christbaumes oder des Weihrauches der Christmette.

Ich nehme mir für die nächsten Tage jedenfalls vor, nicht nur mit offenen Augen die Eindrücke wahrzunehmen, sondern auch ein wenig herumzuschnuppern, Vertrautes und Neues mit Genuss aufzunehmen und mich wie der Astronaut Gerst zu freuen, dass unser Heimatplanet Erde gut riecht.

Helmut Zöpfl

Tipp

Setzen Sie sich entspannt hin, schließen Sie die Augen und nehmen Sie Ihre Umgebung nur mit der Nase wahr: Wonach riecht es gerade?

Reiche Herzen erleben viel
in kurzer Zeit.

Friedrich Spielhagen

13

Der analoge Advent

Ich mag Weihnachtsmärkte, weil ich da richtig gut abschalten kann. Meine Ohren hören das Gemurmel von Hunderten Menschen, die sich in kleinen Gruppen über die vergangene Woche, das Leben im Allgemeinen und das kommende Fest unterhalten.

Der Advent ist für mich eine analoge Zeit. Das heißt nicht, dass die Digitalisierung sich langsamer bewegt – nur weil sich die Büroarbeiter eine ruhigere Zeit gönnen und das Jahr aufräumen, statt neue Dinge anzuschieben, flitzen unsere Datenströme immer noch mit Hunderten von Gigabits durch die Leitungen. Wir werfen trotzdem abends Netflix oder Amazon Prime an und hören auch nicht auf, E-Mails und Chats zu lesen.

Aber gerade auf dem Weihnachtsmarkt sperre ich gern Augen, Ohren und Nase auf und tauche in diese konzentrierten Eindrücke um mich herum ein. Manchmal brauche ich den Abstand von der Welt und versenke mich in Bildschirme. Im Advent suche ich das Gegenteil – das Erleben im Hier und Jetzt mit allen Sinnen. Das Smartphone brauche ich dann nur zum Fotografieren.

Hanno Terbuyken

Tipp

Gehen Sie einmal ohne Eile über den Weihnachtsmarkt und nehmen Sie bewusst die Fülle der Sinneseindrücke wahr. Was riechen, hören, schmecken und sehen Sie?

Alle Lichter, die wir anzünden,
zeugen von dem Licht,
das da erschienen ist
in der Dunkelheit.

14

Friedrich von Bodelschwingh

Wenn wir Kerzen anzünden ...

In der Adventszeit zünden wir Kerzen an. Wir warten auf das Christfest, an dem der Weihnachtsbaum in vollem Glanz erstrahlt. Im Schein der Kerzen werden die Konturen um uns herum weicher. Alles erscheint in einem neuen Licht. Zugleich beschenkt uns der Kerzenschein an den kurzen Tagen des Winters mit Licht und Wärme und einer besonderen Form an Gemütlichkeit ... Wir sehnen uns nach einem Leben, in dem die dunklen und schmerzhaften Erfahrungen, die erlittenen Enttäuschungen und die Trauer um Menschen, die von uns gegangen sind, von einem Licht durchleuchtet werden, das unserem Herzen Trost und Frieden schenkt. Vertrauen wir auf das göttliche Licht, das uns aus der Höhe und Tiefe gleichermaßen zuströmt und uns nach und nach mit Hoffnung, Vertrauen und neuer Zuversicht erfüllt. Machen wir uns dann aber auch auf, dieses Licht an andere Menschen weiterzugeben, die von Dunkelheit umfangen sind, damit die Leuchtkraft des Himmels sich erdet.

Christa Spilling-Nöker

Tipp

Besuchen Sie heute einen alleinstehenden Menschen. Bringen Sie eine Kerze, Tee, Plätzchen und ihre Lieblings-Weihnachtsmusik mit und verschenken Sie so das Licht der Adventshoffnung.

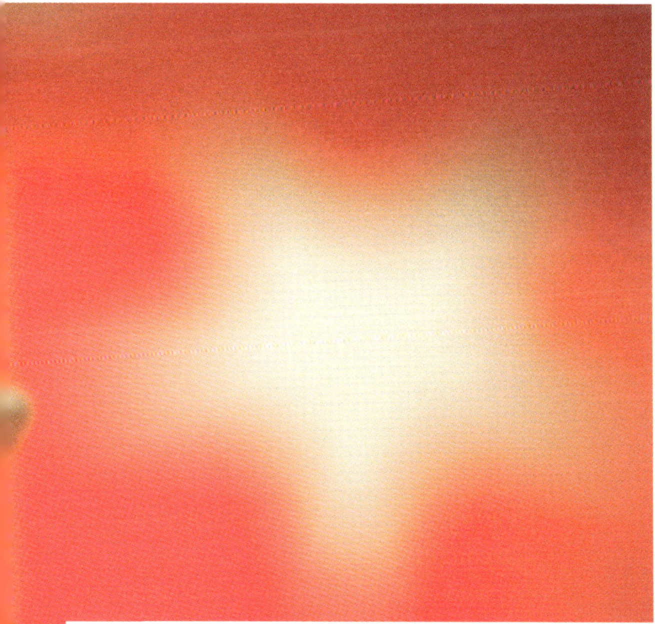

Nicht alle unsere Wünsche,
aber alle seine Verheißungen
erfüllt Gott.

Dietrich Bonhoeffer

15

Was ich mir wünsche

„Wünsche sind nie klug. Das ist sogar das Beste an ihnen", sagt Charles Dickens, der Autor von „Oliver Twist". Ich finde das sehr tröstlich. Denn wie oft habe ich den lieben langen Tag ganz banale Wunschgedanken: Ich wünschte, ich könnte bei dem schönen Sonnenschein spazieren gehen und müsste nicht am Schreibtisch sitzen; ich könnte heute Morgen mal im Bett liegen bleiben oder müsste nicht zum Zahnarzt. [...] Und manchmal habe ich ganz weltbewegende Wünsche, wenn ich Nachrichten sehe und mir wünsche, dass es keine Kriege mehr auf der Welt gibt oder kein Mensch mehr hungern muss oder Kindern kein Unrecht mehr geschieht. Wie tröstlich zu ahnen, dass Wünsche vom Herzen kommen und nicht „klug" sein müssen. Danke, Mr Dickens. Gerade jetzt vor

Weihnachten will ich mir das Wünschen noch mehr erlauben. Auf dass sie mein Denken und Handeln in eine Richtung drängen. Beseelt vom großen Wunsch, dass das Reich Gottes hier auf Erden Wirklichkeit wird. Denn Gott will bei uns wohnen!

Sr. Jordana Schmidt

Tipp

Erlauben Sie sich eine Viertelstunde Nichtstun und Träumen und lassen Sie „unkluge" Wünsche in Ihrem Herzen wachsen.

Frieden kannst du nur haben,
wenn du ihn gibst.

Marie Freifrau von Ebner-Eschenbach

16

Den Frieden einlassen

Ein Maler hatte ein „Haus des Friedens“ gemalt. Groß und stabil, fest wie eine Arche. Die Farben waren freundlich und harmonisch. Eine friedliche Stimmung lag in dem Bild.

Ein kleiner Junge betrachtete das Bild ganz aufmerksam.

Plötzlich fragte er: „Vater, auf diesem Bild fehlt etwas. Es fehlt die Klinke an der Haustür. Wie soll denn da Friede ins Haus kommen?“

Der Vater, nicht wenig erstaunt, überlegte eine Weile. Dann antwortete er: „Die Türklinke hat der Maler bestimmt nicht vergessen, er hat sie einfach weggelassen. Der Friede kann nur ins Haus kommen, wenn wir ihm von innen die Tür öffnen und ihn bei uns wohnen lassen.“

Unbekannt

Ohne Christus ist Unfriede zwischen Gott und den Menschen und zwischen Mensch und Mensch. Christus ist der Mittler geworden und hat Frieden gemacht mit Gott und unter den Menschen.

Dietrich Bonhoeffer

Tipp

Nutzen Sie diesen Tag, um zu überlegen, ob es in Ihrem Leben Unfriede gibt. Trauen Sie sich, Probleme anzusprechen. Wagen Sie heute, auf den anderen zuzugehen und sich auszusöhnen.

Die innere Gelassenheit, die sich auf die Worte Christi stützt, erzeugt eine unzerstörbare Heiterkeit.

17

Johannes XXIII.

Die Adventszeit gelassen genießen

Weihnachten, so denken viele, ist vor allem ein Organisationsproblem: „Ich muss dieses Jahr eben mit allem früher anfangen: früher Geschenke besorgen, früher Plätzchen backen, früher das Haus dekorieren."

Aber das gelingt nie, denn Weihnachten hat primär nichts mit Organisation zu tun. Es ist ein hohes christliches Fest und ein wichtiger Fixpunkt im Bewusstsein jedes Familiensystems. Weihnachten vereinfachen bedeutet nicht, die bisherigen Tätigkeiten besser zu machen, sondern auf die wahre Bedeutung zurückzukommen und alles Unnötige wegzulassen. Vereinfachen heißt, weniger zu tun. Beginnen Sie damit schon in der Vorweihnachtszeit.

Marion und Werner Tiki Küstenmacher

Plötzlich erfuhr ich die Stille wie eine Gegenwart. Im Herzen dieser Stille war Er, der selbst Stille, Frieden und Gelassenheit ist.

Georges Bernanos

Tipp

Überlegen Sie – vielleicht gleich zusammen mit der Familie –, was Sie an Weihnachten gern weglassen möchten. Das verschafft Ihnen Luft im Advent.

Das größte Geschenk
ist ein Stück von dir.

Ralph Waldo Emerson

18

Geschenk-Askese?

Manche Familien vereinbaren heute, dass sie sich nichts mehr schenken, weil doch alle schon genug haben. Darin liegt sicher etwas Gesundes. Aber es gibt auch eine Geschenk-Askese, die Ausdruck von Fantasielosigkeit ist. Einander zu beschenken ist Zeichen von Liebe und lebendiger Beziehung.

Ein Mann erzählte mir, dass er von seiner Großmutter jedes Jahr an Weihnachten ein Paar selbstgestrickte Socken bekommt. Die sind ihm ganz wertvoll, weil er ihre Liebe darin entdeckt. In der Adventszeit ist die Gelegenheit, zu überlegen, wie man dem anderen eine Freude machen kann: Das Wichtigste dabei ist, dass beim Beschenkten mit dem Geschenk die Sehnsucht nach Liebe Nahrung findet.

Anselm Grün

Schenke herzlich und frei.
Schenke dabei
was in dir wohnt
an Meinung, Geschmack und Humor,
sodass die eigene Freude zuvor
dich reichlich belohnt.

Joachim Ringelnatz

Tipp

Geschenke, die selbstgemacht sind, bedeuten oft mehr als teure Wunscherfüller oder Gutscheine. Finden Sie Zeit und fertigen Sie ein Geschenk an, das von Herzen kommt.

Der darf vom Freunde annehmen,
dem das Empfangen die gleiche
Freude bereitet wie dem Freunde
das Schenken.

19

Jean de La Bruyère

Sich beschenken lassen

Martin Luther hatte einen guten Blick für unsere Unfähigkeit, Geschenke als das zu nehmen, was sie sind. „Die ganze Welt", sagt er, „die ganze Welt ist toll und töricht. Sie kann sich der Gaben nicht freuen. Sie ertragen es nicht, dass sie die Nehmenden sind. Sie wollen nichts umsonst haben."

Das Weihnachtsfest ist die Urszene der Gabe, die keine Gegengabe erfordert, weil keine Gegengabe ausreicht, um das überbordende Geschenk Gottes an den Menschen zu vergelten. Martin Luther formuliert das mit spitzer Feder: „So ist das Herz und der Geber unermesslich groß. Was gibt Gott? Seinen Sohn. Das heißt wahrlich: Er gibt nicht einen Groschen, ein Auge, ein Pferd, eine Kuh, ein Königreich, auch nicht den Himmel mit der Sonne und den Sternen, auch nicht die ganze Kreatur, sondern seinen Sohn, der so groß ist wie er selbst."

Im Weihnachtsfest kommen die Deals, der Handel und das Geschäft aus Gabe und Gegengabe zum Ende. Wir können nur staunend dastehen wie Kinder und annehmen, was uns in die Hand gedrückt wird: das Versprechen, dass wir selbst nicht aufgehen in dem, was wir tauschen, leisten oder kaufen.

Petra Bahr

Tipp

Nehmen Sie einmal bewusst wahr, was Ihnen an diesem Tag geschenkt wird. Erfreuen Sie sich an allen Geschenken und spüren Sie dem Gefühl von Dankbarkeit nach.

Das Wörtchen „vielleicht“ ist die
Visitenkarte der Hoffnung.

Unbekannt

20

Auf das Unerwartete hoffen

Ich mag den Moment, den Schlüssel in den Briefkasten zu stecken. Immer, wenn ich den Briefkasten öffne, schwingt bei mir die Erwartung mit: Es könnte etwas drin sein, was ich nicht erwartet habe. Ein Gutschein für eine Woche Zeit nur für mich. Ohne Ziel, ohne Verpflichtungen. Ein Liebesbrief, der mein Herz so klopfen lässt, dass ich es in den Haarspitzen spüren kann. Die Unterschrift kann ich kaum entziffern. Es könnte heißen: G-O-T-T. Eine Zeitung, in der drinsteht, dass das Kriegführen abgeschafft ist. Ein für alle Mal. Ein Päckchen Blumensamen – Sorte Wildblumen. Und ich streue die Samen in alle kaputten Stellen im Asphalt vor meinem Haus.

Meist ist nichts Unerwartetes im Briefkasten. Dann schließe ich ihn wieder zu und gehe meinen Alltagsbeschäftigungen nach. Aber diese leise Hoffnung im Herzen – „Es hätte sein können und was wäre, wenn“ –, die nehme ich mit in meinen Tag. Eben war die Post da. Ich gehe runter. Ich stecke den Schlüssel in den Briefkasten. Ich öffne ihn.

Nora Steen

Tipp

Schreiben Sie heute einen kurzen Weihnachtsgruß an jemandem in Ihrem Bekanntenkreis oder werfen Sie Ihren Nachbarn ohne Absender eine kleine Überraschung in den Briefkasten.

Nach Hause kommen, das ist es, was das Kind von Bethlehem allen schenken will, die weinen, wachen und wandern auf dieser Erde.

21

Friedrich von Bodelschwingh

Warten mit Angst

Haben Sie Angst vor Weihnachten? Weihnachten ist nämlich ein gefährliches Fest. Da wird Porzellan zerschlagen – im wahrsten Sinne des Wortes. Für Familien ist das Fest kritisch, weil es doch besonders schön sein soll. Alles ganz festlich und gemütlich. Und dann mault die große Tochter, dass das alles spießig sei. Der Familienvater fragt, ob seine Frau wohl verrückt geworden wäre, so viel Geld für eine Digitalkamera auszugeben. Und seine Frau guckt etwas erschöpft und enttäuscht auf die Mikrowelle ... Davor haben viele Angst: erzwungenes und erduldetes Familienglück. Andere haben Angst vor der Einsamkeit.

Keine Angst! Gott will ja gerade bei denen sein, die sich allein und verlassen fühlen. Das Kind in der Krippe wird sich als Erwachsener denen zuwenden, die Krisen kennen, die um Streit und Auseinandersetzung wissen. Jesus wird die Hand ausstrecken zu denen, die Angst haben, weil sie schwach sind, verwirrt vor den Scherben und Trümmern ihrer Bemühungen stehen. Ihnen sagt Jesus: Gerade euch will sich Gott zuwenden.

Margot Käßmann

Tipp

Sprechen Sie mit anderen Menschen über Ihre Weihnachtsängste. Sie werden sehen: Es geht nicht nur Ihnen so.

Auch die Pause gehört zur Musik.

Stefan Zweig

22

Auf die Pausen kommt es an

Vor vielen Jahren, als ich noch ein Kind war, versuchte mein Vater, mir das Klavierspielen beizubringen. An die erste Klavierstunde erinnere ich mich noch, als wäre es gestern gewesen. Zuerst zeigte mein Vater mir, wie man eine einfache Tonleiter spielt. Ich machte es nach. „In diesen acht Tönen steckt die beste Nachricht der Welt", erklärte er mir dabei. „Wo ist denn die Nachricht?", wollte ich wissen. „Du hast es noch nicht richtig gespielt. Spiele die Tonleiter jetzt andersherum." Also spielte ich erneut die acht Töne, diesmal die hohen Töne zuerst. „Ich weiß immer noch nicht, wo diese Nachricht ist." „Du hast es schon fast richtig gespielt. Jetzt musst du nur noch an einigen Stellen Pausen machen: nach der ersten, zweiten, vierten, sechsten, siebten und der letzten Note." Ich war verwundert. Was sollte das denn bringen? Aber ihm zuliebe versuchte ich es noch

|c|d|e f|g a|h|c

einmal – mit den Pausen. Und da hörte ich sie plötzlich: die beste Nachricht der Welt.

Die Nachricht finden Sie am Ende dieses Buches.

Tipp

Die Adventszeit ist fast vorbei, nur noch zwei Tage bis Weihnachten. Statt jetzt noch schnell alles Mögliche zu erledigen, machen Sie heute ganz bewusst nichts. Gönnen Sie sich eine Pause, um wirklich bereit zu werden für die frohe Botschaft.

Unsere Vollkommenheit besteht
darin, zu wissen,
dass wir nicht vollkommen sind.

Hl. Augustinus

23

Egal, lass das jetzt so

Vielleicht hast du wie jedes Jahr nicht alles erledigen können vor den Feiertagen.
Vielleicht weißt du nicht, wohin mit den vielen losen Enden deines Lebens in dieser Zeit.
Vielleicht hast du dir vorgenommen, diesen Advent besinnlicher und entschleunigter zu verbringen und es ist dir nur punktuell gelungen.
Vielleicht treibst du dich gerade unbarmherzig an, weil du an den Feiertagen alles fein und sauber und richtig und ordentlich haben willst. Du hast keinen Atem mehr.
Ich bin selbst weit davon entfernt, fein und sauber und richtig und ordentlich zu sein. Und das sage ich ganz ohne Selbstanklage, sondern mit der Akzeptanz, dass dieses eine Leben, das wir leben, eine schöne Bescherung ist, ein Knäuel aus Freuden und Traurigkeiten.

Vor 2000 Jahren trugen die Hirten und Weisen und selbst Maria und Joseph ihr eigenes Knäuel zur Krippe, weil darin die Hoffnung lag und liegt, die ihre und unsere Unfertigkeit aushält und liebt und zu Ende bringt. Dieses Kind in der Krippe raunt dir zu: „Egal, lass das jetzt so! Ich kümmere mich darum."

Veronika Smoor

Tipp

Sie müssen nicht alles perfekt erledigen auf der Zielgeraden vor Weihnachten. Lassen Sie einfach manches bewusst unfertig.

Das Kind fasst dich nur an der Hand, um dich zu führen.

Antoine Saint-Exupéry

24

Ich steh an deiner Krippe hier

Kinder verändern die Welt. Das erlebe ich auch mit unseren eigenen Kindern und bin dankbar für jeden Augenblick. Erwachsene haben oft verlernt, den kleinen Dingen im Alltag Zeit zu schenken. Kinder können unbeschwert entdecken, staunen und träumen. Jedes Jahr zur Weihnachtszeit erinnern wir uns an die Geburt Jesu. Gott wird Mensch in einem unscheinbaren Säugling. Leise und bescheiden liegt Gott als Menschenkind in einem Stall.

Beim Blick in die Krippe erkennen wir uns selbst. Als Menschen mit Stärken und Schwächen, mit Freuden und Sorgen. Zu einem kleinen Kind muss man sich hinunterbeugen, um ihm auf Augenhöhe zu begegnen. So macht es auch Gott.

David Plüss

Ich steh an deiner Krippe hier,
o Jesu, du mein Leben;
ich komme, bring und schenke dir,
was du mir hast gegeben.
Ich sehe dich mit Freuden an
und kann mich nicht sattsehen;
und weil ich nun nichts weiter kann,
bleib ich anbetend stehen.

Paul Gerhardt

Tipp

Lassen Sie sich heute nicht von dem „großen Trara" blenden, mit dem Weihnachten oft begangen wird. Achten Sie besonders auf die kleinen Dinge: den Geruch der Tannennadeln, das Knistern der Kerzen, die Gesichter der Menschen um Sie herum.

Textnachweis

1.12.: Kerstin und Marcus Leitschuh, „Egoismus wagen“: aus: Kerstin und Marcus Leitschuh, Anti-Stress-Adventskalender © Verlag Neue Stadt GmbH, München 2018, 1. Auflage, S. 10-11

2.12.: „Weihnachten be-greifen“: © Dominique Kreichgauer

3.12.: Nora Stehen, „Ruhe finden“: © Alle Rechte bei der Autorin

4.12.: Andrea Schwarz, „Advent – das ist der kahle Zweig“: aus: Andrea Schwarz, Gib dem Engel eine Chance, © 2019 Verlag Herder GmbH, Freiburg i. Br.

5.12.: „Ich schenk dir Zeit“: © Stefanie Heckl

6.12.: Pierre Stutz, „St. Nikolaustag“: © Pierre Stutz, www.pierrestutz.ch

7.12.: Alois Emslander, „Zeit ohne Plan“: © Alois Emslander in: Impulskalender Advent und Weihnachten 2019, www.impuls-ao.de, © edition fürstenfeld, 82256 Fürstenfeldbruck

8.12.: Anselm Grün, „GeHEIMnis“: © Alle Rechte beim Autor

9.12.: Lissy Eichert, „Advent – Erfüllt von der Erkenntnis des Herrn“: © Alle Rechte bei der Autorin

10.12.: Walter Rupp SJ, „Langsamkeit“: © Alle Rechte beim Autor

11.12.: „Blick gen Himmel“: © Stefanie Heckl

12.12.: Helmut Zöpfl, „Weihnachtliche Düfte“: © Alle Rechte beim Autor

13.12.: Hanno Terbuyken, „Der analoge Advent“: © Alle Rechte beim Autor / Gemeinschaftswerk der evangelischen Publizisten

14.12.: Christa Spilling-Nöker, „Wenn wir Kerzen anzünden ...“: © Alle Rechte bei der Autorin

15.12.: Sr. Jordana Schmidt, „Was ich mir wünsche“: © Alle Rechte bei der Autorin

17.12.: Marion und Werner Tiki Küstenmacher, „Die Adventszeit gelassen genießen“: aus: Marion und Werner Tiki Küstenmacher, Simplify your life. Die Weihnachtsfreude wiederfinden, © 2004 Campus Verlag, Frankfurt a. M. / New York

18.12.: Anselm Grün, „Geschenk-Askese?“: aus: Anselm Grün, Das kleine Buch der Weihnachtsfreude © 2012 Verlag Herder GmbH, Freiburg i. Br.
19.12.: Petra Bahr, „Sich beschenken lassen“: © Alle Rechte bei der Autorin
20.12.: Nora Steen, „Auf das Unerwartete hoffen“: © Alle Rechte bei der Autorin
21.12.: Margot Käßmann, „Warten mit Angst“: © Alle Rechte bei der Autorin
23.12.: Veronika Smoor, „Egal, lass das jetzt so“: © Alle Rechte bei der Autorin
24.12.: David Plüss, „Ich steh an deiner Krippe hier“: © Alle Rechte beim Autor, www.davidpluess.ch

Auflösung 22. Dezember: Die gute Nachricht lautet: „Joy to the world. The Lord is come!“ (ein bekanntes englisches Weihnachtslied von Isaac Watts).

Fotonachweis

Seite 5: © stock.adobe.com/Natalia Greeske, 1.12.: © kichigin19/Fotolia, 2.12.: © stock.adobe.com/vulcanus, 3.12.: © Jaroslav Machacek/Fotolia, 4.12.: © stock.adobe.com/Budimir Jevtic, 5.12.: © stock.adobe.com/Daxiao Productions, 6.12.: © Vera Zinkova/Shutterstock, 7.12.: © skumer/Fotolia, 8.12.: © stock.adobe.com/orangutaoo7, 9.12.: © Evgenia Smirnova/Fotolia, 10.12.: © stock.adobe.com/Aleksandra Suzi, 11.12.: © astrosystem/Fotolia, 12.12.: © Svittlana/Shutterstock, 13.12.: © COLOURBOX, 14.12.: © stock.adobe.com/Maya Kruchankova, 15.12.: © ChaotiC_PhotographY/Fotolia, 16.12.: © stock.adobe.com/blackzheep, 17.12.: © Kishivan/Shutterstock, 18.12.: © Africa Studio/Shutterstock, 19.12.: © oatawa/Shutterstock, 20.12.: © LoloStock/Fotolia, 21.12.: © OutdoorPhoto/Fotolia, 22.12.: © rawf8/Shutterstock, 23.12.: © Adrian_am13/Shutterstock, 24.12.: © stock.adobe.com/Elena Stepanova

Wir danken den genannten Inhabern von Text- und Bildrechten für die freundliche Erteilung der Abdruckgenehmigung. Der Verlag hat sich bemüht, alle Rechteinhaber in Erfahrung zu bringen. Für zusätzliche Hinweise sind wir dankbar.